FÊTE DU 7 NOVEMBRE 1865

AU

PETIT-SÉMINAIRE MONGAZON

A L'OCCASION

DE LA CINQUANTIÈME ANNÉE DE SACERDOCE

DE

MONSEIGNEUR L'ÉVÊQUE D'ANGERS.

ANGERS
EUGÈNE BARASSÉ
IMPRIMEUR-LIBRAIRE DE Mgr L'ÉVÊQUE ET DU CLERGÉ
Rue Saint-Laud, 83.

1865.

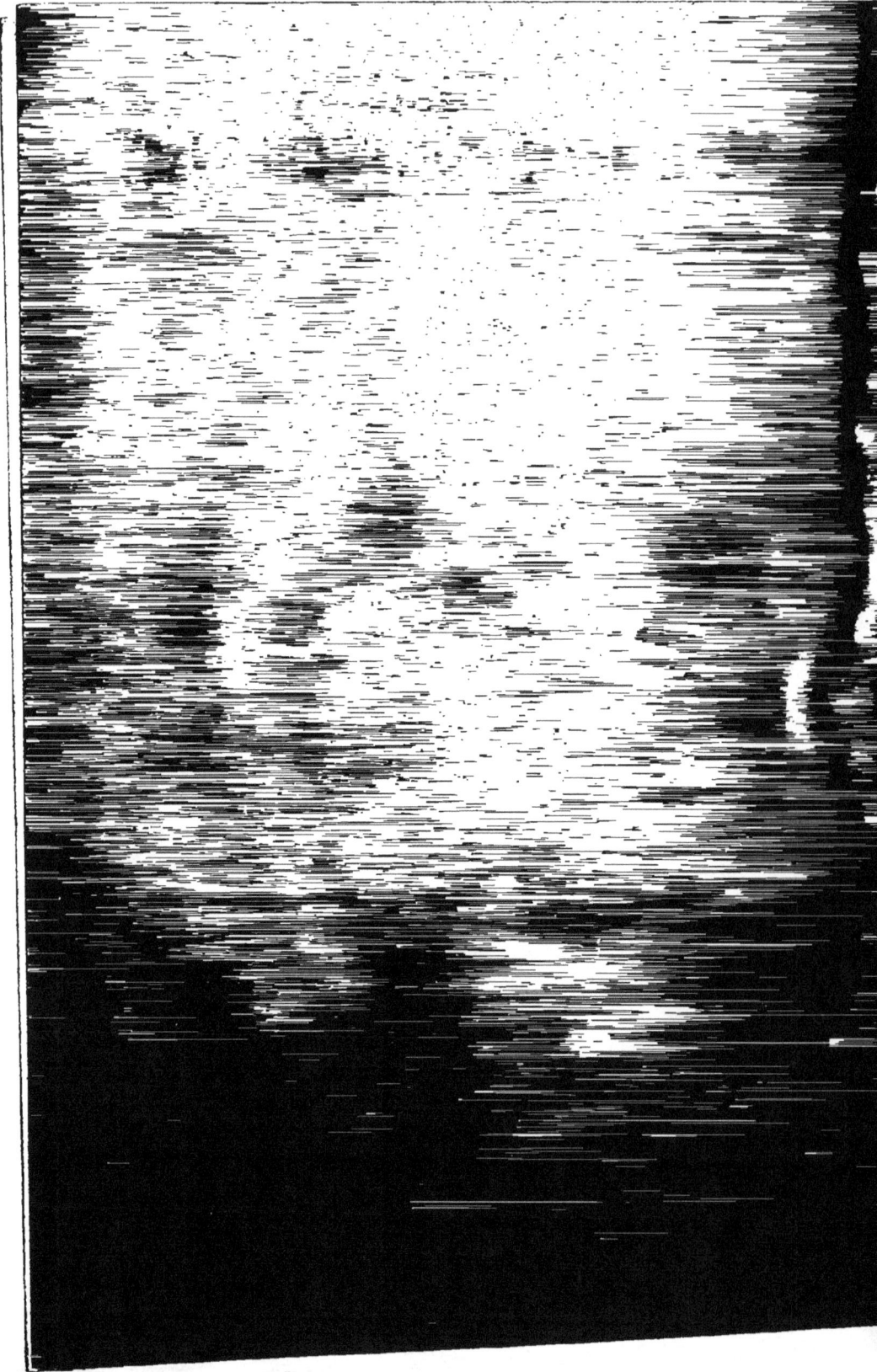

FÊTE DU 7 NOVEMBRE 1865.

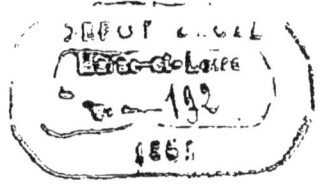

Des demandes trop nombreuses et trop honorables pour ne pas vaincre nos hésitations, nous ont déterminés à publier ce Compte-Rendu, et, à la suite, l'Allocution prononcée par M. le Supérieur, et les pièces de vers lues par les élèves. Ces quelques pages nous rappelleront à nous et à nos amis des instants heureux et trop rapides ; puissent-elles porter jusqu'à nos augustes visiteurs l'écho de notre respectueuse gratitude ; puissent-elles, surtout, être un gage nouveau de notre filiale affection aux yeux du vénérable évêque, objet de cette solennité !

C'est un grand honneur pour le Petit-Séminaire Mongazon d'avoir reçu la visite de Nosseigneurs les Evêques pendant le court séjour qu'ils viennent de faire en Anjou. La présence d'un évêque est toujours une bénédiction bien précieuse. Mais quelle n'était pas notre joie d'en posséder dix à la fois, et près de Leurs Grandeurs, deux Révérends Pères Abbés et un Prélat romain ! C'étaient NN. SS. l'archevêque de Tours, les évêques d'Angers, de Laval, d'Angoulême, de Carcassonne, de Quimper, d'Amiens, du Mans, de Limoges, de Luçon, puis le R. P. Fulgence, abbé de la Trappe de Bellefontaine, le R. P. Eutrope, ancien abbé de la Trappe de

Gethsémani, et Mgr de Lespinay, protonotaire apostolique. Les circonstances auxquelles nous devions une si rare faveur donnaient à leur présence une signification élevée. La veille, ils étaient allés, au nom de l'Eglise, honorer la mémoire d'un vaillant capitaine qui s'était dévoué sans réserve à la défense du Saint-Siége. Le lendemain, ils devaient glorifier un autre genre de dévouement, celui de notre vieil et saint évêque, qui, depuis cinquante ans de sacerdoce, n'a vécu que pour Dieu et son Eglise. A ces jeunes élèves qu'ils daignaient tous ensemble visiter et bénir, entre deux cérémonies plus diverses en apparence qu'en réalité, que disait cette imposante réunion? Que disaient ces deux cents prêtres, accourus de tous les points du diocèse et heureux de préluder à la grande fête du lendemain, en assistant à cette fête de famille? — Sinon que le dévouement est la vertu qui, dans toutes les carrières et toutes les positions, élève l'homme davantage, et le rend véritablement digne des hommages et de la gratitude de ses semblables? — Grande leçon qui, descendue de si haut et entourée de tant de solennité, ne saurait demeurer stérile.

Tous les assistants étaient d'ailleurs préparés à recueillir de tels enseignements ; nul ne séparait dans son esprit cette visite de la cérémonie funèbre qui l'avait précédée et de la fête jubilaire qui devait la suivre, et ce furent ces pensées et ces rapprochements qui imprimèrent à cette réception d'évêques un cachet de grandeur touchante, bien propre à faire naître de douces et fortifiantes émotions.

Nous n'essaierons pas de reproduire la physionomie de cette fête intime, ces incidents variés et pleins d'intérêt, qui nous tinrent sous le charme pendant deux heures. Comment, en effet, faire revivre, dans les limites étroites d'un compte-rendu, ces sentiments vifs et profonds, cette allégresse générale qui, grâce à un heureux concours de circonstances souvent imprévues, s'empare tout à coup d'une nombreuse assemblée, la pénètre et la ravit? Or tel a été le caractère de notre fête du 7 novembre : aucun de ceux qui y prirent part ne nous démentira. Sans donc chercher à en retracer le tableau, disons seulement que la salle des exercices n'avait jamais paru plus richement et plus fraîchement décorée; qu'en un instant elle se trouva remplie d'une société choisie composée d'amis de la maison et de parents d'élèves; que ce fut pour tous un imposant spectacle que celui de ces treize prélats placés en demi-cercle, en face de l'assistance. Ajoutons que la lecture des morceaux de poésie latine et de vers français fut écoutée avec le plus bienveillant intérêt et souvent interrompue par de chaleureux applaudissements. N'oublions pas surtout, ne fût-ce qu'à titre de reconnaissance, les éloges réitérés que NN. SS. décernèrent à ces pièces : suffrages précieux, puissants encouragements à conserver intactes, au milieu de tant de défaillances, les traditions de la bonne latinité et de la saine littérature!

Enfin, pourrions-nous passer sous silence ce charmant dialogue qui termina la séance, et dont les interlocuteurs improvisés ne furent autres que Mgr l'archevêque de Tours et son vieil ami, Mgr l'évêque d'Angers : assaut d'un nouveau genre, où les plus fines réparties succédaient aux plus gracieux compliments : vive et aimable conversation, dont chaque mot provoquait un sourire ou un applaudissement, et qui obtint un vrai triomphe, lorsque, après l'invitation d'aller visiter le tombeau de saint Martin, l'engagement en fut pris aussitôt au nom du Petit-Séminaire. Quand s'exécutera cette promesse?... Question indiscrète peut-être. Plus d'un pourtant, parmi les jeunes auditeurs, regrettera que ce point important n'ait pas été suffisamment éclairci....

Heureusement l'embarras que nous éprouvions, dans le récit de cette fête, cesse maintenant que nous n'avons plus qu'à exprimer notre reconnaissance. Certes cette réception eût été loin d'avoir cet éclat et cet entrain, sans le concours sympathique des prêtres qui y assistaient en si grand nombre. Nous adresserons, en particulier, nos remercîments à Messieurs les Vicaires généraux d'Angers et à tous ceux des autres diocèses qui accompagnaient leurs évêques. Dans cette belle assemblée, nous avons été heureux de distinguer MM. le comte de Quatrebarbes, Cléré, officier supérieur de marine, Emile Le Bault, Paul du Reau, Charles de Caqueray, Bonneau, Deleurie, etc., ainsi que MM. le supérieur de Beaupréau, le curé de la cathédrale de Nantes, l'archiprêtre de Châteaugontier. Nous devons aussi un souvenir spécial à M. l'abbé Dénécheau, vicaire général de Limoges, autrefois notre collègue et toujours notre ami, ainsi qu'à un ancien élève de la maison, le pieux et aimable secrétaire du R. P. Fulgence.

L'esprit avait eu ses jouissances, la piété réclamait les siennes. Elle les trouva pleinement dans notre chapelle ornée, chacun le disait tout haut, avec une sorte de magnificence. Les vénérables collègues de Mgr Fruchaud, apprenant qu'il avait été autrefois professeur à Mongazon, l'avaient désigné pour célébrer le Salut. Nous en sommes convaincus, les célestes bénédictions demandées avec tant d'instance par les vénérables Prélats prosternés devant l'autel, et par cette assistance si nombreuse et si recueillie, furent largement obtenues. Nous en eûmes en quelque sorte la preuve sensible. Il y eut un moment vraiment solennel où, sous l'action secrète de la grâce, à la vue de ces splendides décorations, de ces mille lumières, pendant les chants sacrés exécutés avec tant d'âme, et dont chaque parole empruntait aux circonstances un sens nouveau et plus pénétrant, tous furent saisis d'un pieux attendrissement, et bien des larmes coulèrent. L'orgue semblait partager et traduire cette ardeur de nos sentiments sous la main émue de M. Paul Fabre, qui met avec tant de grâce un talent distingué au service du Collège dont il fut l'élève.

Après le Salut, une foule compacte, étrangers, maîtres et élèves, se porta rapidement dans la cour d'entrée sur le passage des évêques. Tous voulaient voir de plus près les traits des augustes Prélats, témoigner par cet empressement de la gratitude qui animait tous les cœurs, et qui, au moment du départ, éclata en vivats enthousiastes et prolongés.

Voici maintenant l'allocution et les pièces de vers que nous avons annoncées. — La première de ces poésies a été lue par M. Boutier, élève de philosophie ; la seconde, par M. Charnod, et la dernière par M. Nau, tous deux élèves de rhétorique.

Allocution de M. SUBILEAU.

MESSEIGNEURS,

Jamais cette maison n'avait reçu, jamais peut-être elle ne recevra une visite aussi imposante, aussi glorieuse. Notre reconnaissance est au comble. J'en dirais autant de notre joie, si elle n'était mêlée d'un juste sentiment de confusion. Un tel honneur oblige : pour une partie si considérable, à tous égards, de cet épiscopat français qui est à la fois la gloire du Pays et de l'Eglise entière, il eût fallu une réception brillante et nous ne pouvons vous offrir, Messeigneurs, que l'hommage de notre bonne volonté. Heureux du moins que des prêtres vénérables et des hommes distingués qui nous honorent de leurs sympathies se soient réunis à nous et rachètent notre propre insuffisance !

Une autre pensée encore nous inspire confiance. En entrant ici, un cher souvenir a dû s'éveiller en vous. Le Petit Séminaire d'Angers vous aura rappelé les vôtres, Messeigneurs. Ce souvenir nous protège : en nous rapprochant dans votre pensée de ces familles bien-aimées, il nous assure une part dans votre indulgence paternelle.

C'est sous la bienveillante inspiration de ce sentiment que vous apprécierez ces décorations multipliées, et aussi les compositions littéraires de nos chers élèves. Ils ont voulu vous louer : tâche séduisante sans doute, mais trop au-dessus de leurs forces. Puissent ces humbles essais, où ils ont mis tout leur cœur, ne pas paraître tout à fait indignes de se produire devant des Evêques qui savent trouver de si nobles accents pour toutes les nobles causes, — qui sont maîtres dans l'art de bien dire comme dans l'art de bien faire, — et qui, là encore, exercent leur apostolat en prouvant que la religion est la vérité, puisqu'elle est la source de toute beauté ! Démonstration éclatante, il y a quelques semaines (1), — hier encore (2), — devant les cendres d'un véritable héros, et qui demain (3) se répétera sous les voûtes charmées de notre vieille cathédrale, dans l'éloge d'un véritable Evêque.

J'ai hâte de le dire, pour échapper aux apparences mêmes de l'égoïsme : l'honneur que vous nous faites, à nous personnellement, n'est point le principal motif de notre gratitude. Aujourd'hui, au milieu même de nos joies, nous pensons à demain.

Demain, autour d'un vieillard dont le front blanchi reflète les calmes et suaves beautés d'une longue sainteté, — d'un pontife

---

(1) Oraison funèbre du général de La Moricière, par Mgr Dupanloup.
(2) Oraison funèbre du général de La Moricière, par Mgr l'évêque d'Angers.
(3) Discours de Mgr l'évêque de Poitiers.

qui honore aux yeux des peuples, depuis un demi-siècle, le sacerdoce de Jésus-Christ, — d'un collègue qui porte si vaillamment, il y aura bientôt un quart de siècle, le poids d'un laborieux épiscopat, vous formerez la plus belle des couronnes — une couronne de douze Evêques. — Les plus délicieuses émotions de son cœur, en cette belle fête, lui viendront de votre présence, de vos ferventes prières, de vos fraternelles sympathies. Or, ce vieillard, ce pontife, ce collègue est pour nous un père ; et un enfant ne connaît pas de jouissance meilleure et plus délicate que de voir un père bien-aimé dignement honoré, pleinement heureux !

Ici, Messeigneurs, dois-je, obéissant à l'impulsion de mon cœur, franchir l'enceinte de cette maison et parler au nom d'une famille bien autrement nombreuse ? — Je suis sans titres pour le faire ; — mais l'occasion favorable semble m'y inviter, et peut-être qu'une affection qui m'a comblé et qui est l'honneur de ma vie me sera une suffisante excuse.

Qu'il me soit donc permis, Messeigneurs, de vous remercier non-seulement pour les maîtres et les élèves de cette maison, mais encore pour tout ce vaste et religieux diocèse. Ah ! il sait combien est grande la dette qu'il a contractée envers un Evêque que Dieu lui a choisi dans sa bonté. Tant d'œuvres florissantes et dont l'énumération seule serait trop longue la proclament à l'envi.

Vous lui venez en aide pour acquitter sa dette sacrée ; vous joignez vos prières aux siennes pour que le ciel continue d'accorder à son pontife bien-aimé, comme autrefois à David, *la longueur des jours.* Il inscrira vos noms dans son souvenir reconnaissant, à côté du nom qui lui rappelle la sainteté, la sagesse et une ardeur de dévouement qui défie les glaces de l'âge !

Monseigneur, votre famille de Mongazon pourrait-elle ne pas se féliciter encore à un autre point de vue ? C'est donc elle qui a la joie de vous offrir, à la veille de cette belle fête, les prémices des vœux qui se préparent. Ah! vous nous connaissez et vous croirez sans peine qu'il n'y en aura point de plus sincères. Notre devise, aujourd'hui comme toujours, se trouve dans ces deux vers auxquels vous avez daigné sourire, parce qu'ils vous ont paru, ainsi qu'à nous-mêmes, l'expression d'une double vérité :

« *Nec pars ulla gregis quæ tibi carior,*
» *Nec quæ te redamet magis* (1) *!* »

Messeigneurs, rien ne manquera à notre bonheur lorsque nous aurons recueilli de vos lèvres vénérées, où repose la grâce des saintes et fécondes paroles, quelques-uns de ces avis qui demeurent comme une lumière et une force ; enfin, lorsque, dans notre chère chapelle, vos mains étendues auront répandu sur nous ces bénédictions paternelles qui affermissent la demeure des enfants :

Benedictio patris firmat domos filiorum (2).

---

(1) « Nulle partie de votre troupeau qui vous soit plus chère ; nulle qui, en retour, vous aime davantage. »
(2) Eccli. III, 11.

AD RR. PRÆSULES.

Exoptata diu festa dies nitet;
Flores, ô socii, spargite; — plausibus.
Latè cuncta sonent; vocibus æmulis
    Tantos dicite Præsules!

Dùm tot Pontifices hanc subeunt domum
Præsentique velut numine consecrant,
Quanquàm ignota, humilis, surgit et eminet:
    Regum despicit et domos.

Cui vix prisca Fides et Pietas soror
Invenêre parem, nunc tumulo exilit
Et procedit ovans, excipiens sacros
    Urbanus Pater hospites.

Nobis quantus adest quàmque sacer chorus!
Fulgent ante oculos quos posuit Deus
Pastores populis, et dedit Angelos:
    Christos cernimus alteros!

His Mosis radius fronte super micat;
Inter nos homines stant medii et Deum:
Cœlis vota ferunt, donaque largiùs
    Hinc plenâ referunt manu.

Doctrina ex labiis effluit aureis,
Virtutemque suis moribus edocent;
Hi firmant timidos, hi dubios regunt,
    Et cunctis iter explicant.

Horum docta manus semina gratiæ
Nunc irrorat aquis, nunc radiis fovet,
Lethale aut lolium vellit, et undique
    Christi læta viget seges.

Magno quandò furens impietas **Pio**
Minatur, properant; fortia pectora
Opponunt jaculis, et velut aggere
    Stipant impavidum senem !

Quandò dux, acie cedere nescius,
Lauros, seque **Pio** devovet et **Deo**,
Hi tantum meritâ laude canunt virum,
    Ipsis cladibus inclytum.

Qui postquàm cecidit flebilis omnibus,
Diversi coeunt; splendida splendidis
Verbis facta sonant : frigidus hinc cinis
    Heroas dabit alteros !

Et quùm dena, Pater, lustra Tibi nitent
Ex quo ritè manus sacra litant tuæ,
Fratres fama vocat; nec mora, convolant:
    Fratrem visere gestiunt !

Lætos ad juvenes sancta cohors gradum,—
Insperàtus honos, — tendere non negat :
Hinc fervebit opus ; qui renovat vicem
    Annus fructibus affluet !

Seu Vos illa tenet proxima civitas
Martinum numerat quæ sibi Præsulem,
Seu Vos hæc genuit magna parens virûm
    Tellus, fida Britannia ;

Seu felix regio nutriit Andium,
Pastoresque aliis Vos gregibus dedit :
Præclaram sobolem, quam sibi propriam
    Ostentat genitrix ovans ;

Seu Vos occiduis Gallia partibus,
Seu Vos oppòsitis miserit è plagis :
Urbs quæcumque Patres Vos habet, et velùt
    Cœli suspicit Angelos ;

Bis grates agimus : quòd meritis caput
Certatis niveum tollere honoribus,
Et quòd — grande decus — sint minimi licet,
  In natis colitis Patrem !

Verùm quanta Tibi reddere nos decet,
Qui sic, alme Patér, muneribus foves ?
Nàm si magna Tibi gaudia rideant,
  Et nos participes vocas ;

Nunc plausus geminant ; cràs prece filii
Vim cœlo facient : ut tibi prosperam
Annorum seriem proroget, et diù
  Tanto Patre frui annuat !

A MONSEIGNEUR L'ÉVÊQUE D'ANGERS

A L'OCCASION DE SA CINQUANTIÈME ANNÉE DE SACERDOCE.

 Mon Dieu, recevez la prière
Qui de nos cœurs émus s'élève en ce beau jour !
Bénissez le vieillard, le pontife et le père,
Et gardez-le longtemps encore à notre amour !

Que le vieillard est beau, lorsque sa vie entière
Ne fut qu'un long combat noblement combattu !
Son front calme, baigné d'une douce lumière,
Semble un trône où repose et sourit la vertu ;
Le temps, loin de ternir la beauté qui rayonne
D'un cœur vaillant et pur, en rehausse l'éclat,
Et fait au saint vieillard une blanche couronne,
Comme pour honorer un glorieux combat !
Non, ce n'est point l'hiver, l'hiver sombre et stérile,
C'est la saison clémente où le champ donne encor

Les plus aimables fruits : c'est l'automne tranquille,
Souriant et si doux sous son beau voile d'or,
Lorsque riche, féconde et pourtant reposée,
Belle de ses fruits mûrs, de ses champs moissonnés,
Par un soleil ami la terre caressée
Semble heureuse des biens qu'elle nous a donnés !

Pure vapeur d'encens, lampe du sanctuaire
Dont les chastes lueurs n'ont brillé que pour Dieu,
Le prêtre, dont les jours voués à la prière
Longuement ont coulé dans la paix du saint lieu,
Porte dans ses regards, sa marche, sa parole,
Le calme heureux du temple et ses accents divins :
Prêtre saint et vieillard ! l'immortelle auréole
L'éclaire d'un reflet de ses rayons prochains !

Comme le temple auguste où s'écoula sa vie,
    Son seul aspect émeut le cœur,
L'élève vers le ciel, doucement le convie
    Et l'aide à devenir meilleur ;
Mais le temple n'a rien d'aussi beau que son âme :
    Moins purs les parfums du saint lieu,
Moins doux les chants sacrés, et moins vive la flamme
    Qui se consume et luit pour Dieu.
Sa robe virginale à peine fut touchée
    De la poussière du chemin ;
Et sa vie au ciel seul tout entière attachée
    N'a respiré qu'un air divin.
Tous les jours dans son cœur, coupe sainte, embaumée,
    Le sang d'un Dieu fut répandu !
Tous les jours en son âme, aux vains plaisirs fermée,
    Le ciel en fête est descendu !
Sa tête a conservé le pli de la prière,
    Son doux et pieux mouvement !.....
Pontife, il a gardé le sourire d'un père,
    La majesté d'un roi clément !

C'est lui... je voulais peindre une belle vieillesse,
Tout ce que cinquante ans de vertus, de bienfaits,
Peuvent donner au front de grâce et de noblesse,
Et ma main d'elle-même a copié ses traits.

C'est lui.... je le voyais.... son image bénie
Rayonnait en mon âme et charmait mes pinceaux !
Hélas ! je l'ai montrée imparfaite, ternie :
L'image dans mon cœur avait des traits si beaux !!

  Mon Dieu, recevez la prière
Qui de nos cœurs émus s'élève en ce beau jour,
Bénissez le vieillard, le pontife et le père,
Et gardez-le longtemps encore à notre amour !

Tes autels, ô Seigneur, ont enflammé son zèle,
« Il aime la beauté de la maison de Dieu, »
Et comme on voit grandir et s'élancer le feu
  Dès que la rapide étincelle
  Jaillit sur les chaumes séchés,
Ainsi du zèle ardent qui dévore son âme
  L'impétueuse et douce flamme
Embrase sans effort les cœurs qu'elle a touchés ;
Et du sol angevin, terre noble et chrétienne,
Les temples sont sortis, à son puissant appel,
Jaloux de s'approcher toujours plus près du ciel
Que semble nous montrer la flèche aérienne.
Jésus habite en roi le plus pauvre hameau,
Et la foi consolée a vu le sanctuaire
En ruines, flétri, secouer sa poussière,
Sortir de ses débris, s'élever digne et beau.

Sur les autels nouveaux, dans les temples splendides
Hélas ! Jésus se plaint d'être encore insulté.
De ses rares amis, rarement visité,
Par des enfants ingrats, insolents, parricides,
Sa gloire est outragée et ses dons méconnus,

Raillés, trahis sans cesse, et chaque heure avec elle
Porte à son cœur sacré quelque injure nouvelle,
Défi jeté sans trêve à l'honneur de Jésus.

Toute heure le blasphème ! Eh bien ! toutes les heures
Le béniront : jamais ne se tairont les chants,
Toujours s'élèveront les doux parfums d'encens !
Celui qui fit à Dieu de royales demeures,
    Lui forme une brillante cour,
Une garde d'honneur qui se relève et veille.
Il veut que pour l'amour qui jamais ne sommeille,
    Jamais ne s'endorme l'amour !

    Mon Dieu, recevez la prière
Qui de nos cœurs émus s'élève en ce beau jour,
Bénissez le vieillard, le pontife et le père,
Et gardez-le longtemps encore à notre amour !

Oublierai-je pour nous son zèle, sa tendresse,
Le cœur dont il chérit ses fils de Mongazon ;
Tant de bienfaits de choix dont sa bonté sans cesse
Aime à te prévenir, chère et sainte maison !!!
Mon génie impuissant veut et ne saurait dire
Tous les dons que sur nous sa bienveillante main,
Comme l'urne penchée a répandus sans fin,
Et la grâce touchante et l'aimable sourire
    Qui les rend plus doux à goûter ;
Tant de saintes leçons par l'amour inspirées,
Et les soins accablants, les peines ignorées,
    Et que Dieu seul a pu compter.
Mais il est un bienfait que je ne saurais taire ;
Si ma voix l'oubliait, les cœurs reconnaissants
Tous le crieraient pour elle. — « A mes petits enfants,
Se disait-il un jour, où choisirai-je un père ? » —
Il le prit dans son cœur : — c'était son fils chéri.
Un tel don semblait dire : « En ce prêtre que j'aime

Autant que je le puis je me donne moi-même,
Et ma main de plus près vous guidera par lui. »

Nous avons devant nous de longues destinées,
Et notre vie à peine a commencé son cours :
Prenez, mon Dieu, prenez dans nos jeunes années
  Pour ajouter à ses vieux jours !!

   Loin de nous, quel doux rivage
    Appelle ses pas ?
   Il vole, le poids de l'âge
    Ne l'arrête pas !
   Il a fait à sa famille
    De touchants adieux,
   Et pourtant son regard brille
    D'un éclair joyeux :
   C'est l'éclair riant, la flamme
    Que met dans les yeux
   L'amour qui jaillit de l'âme
    En reflets heureux.
   Il va consoler le Père,
    Il porte aujourd'hui
   Nos dons : sa voix la première
    S'éleva pour Lui !

Le vicaire du Christ, le vieillard magnanime,
  Pour nous après Dieu le premier,
D'attentats inouïs venait d'être victime :
  Sans épée et sans bouclier
L'amour seul et la foi gardaient son héritage ;
  Pour conquérir les biens de Dieu
Il suffisait d'avoir ce genre de courage
  Qui brave et pille le saint lieu.
Lui dont la voix maîtresse et partout entendue
  A tout homme dit : Mon enfant,
Il est pauvre..., sa main à l'aumône est tendue...
  O père ! O divin mendiant !

Vous n'avez rien perdu de l'auguste auréole :
    Vos enfants n'ont point oublié
Que le Dieu dont la croix vous guide et vous console,
    Avant vous avait mendié !
Il accepte l'étable et la paille flétrie
    Offertes à sa pauvreté ;
Il doit le verre d'eau du puits de Samarie
    Et son sépulcre est emprunté !
Sainte Eglise d'Angers, noble terre, foulée
    Par les fils des martyrs, l'honneur
Par Dieu te fut donné d'être encore appelée
    La première à montrer ton cœur.
Celui dont la grande âme hier nous fut ravie,
    Le grand soldat ! le grand chrétien !
Il est à toi surtout : de cette belle vie
    La plus belle part t'appartient.
L'histoire humiliera cette gloire usurpée ?...
    Non, non, tant qu'un noble drapeau
Pourra se réfléter sur une noble épée
    Et tant que l'honneur sera beau !
Quand il fallut céder, laisser tomber les armes,
    L'un de tes fils fut le dernier (1),
Pour secourir le père et consoler ses larmes
    Ton pasteur parla le premier !
Il parla le premier : à sa douce parole
    Les riches ont prodigué l'or,
Et sa main plus émue a glané l'humble obole
    De ceux qui n'ont point de trésor.

    Père, rien ne vous arrête :
      Sur l'aile des vents
    Allez payer notre dette,
      Porter nos présents.

---

(1) M. le comte de Quatrebarbes.

Les vaisseaux rapides glissent
   Sur les flots unis,
Les montagnes s'aplanissent
   Sous vos pieds bénis.

Père, rien ne vous arrête :
   Sur l'aile des vents
Allez payer notre dette
   Porter nos présents.

Les coursiers que rien ne lasse
   Et nourris de feu
Semblent traverser l'espace
   Emportés par Dieu :

Oui, c'est lui qui les entraîne
   — Il a tout prévu —
La flèche part incertaine,
   Il l'attend au but.

C'est pour Dieu que le char vole,
   Pour lui, pour les saints ;
Il l'a dit, de sa parole
   Nous sommes certains.

S'il vous découvrit à l'homme,
   Merveilleux secrets,
C'est qu'il a voulu que Rome
   De nous fut plus près.

Père, rien ne vous arrête,
   Sur l'aile des vents
Allez payer notre dette,
   Porter nos présents.

Mon Dieu, recevez les prières
Qui de nos cœurs émus montent en ce beau jour,
Bénissez les vieillards, nos pasteurs et nos pères,
   Et gardez-les longtemps encore à notre amour !

Oui, gardez les pasteurs : Mon Dieu, l'Eglise tremble :
    Contre ses vertus conjurés
Les rusés et les forts se sont ligués ensemble ;
    Ils sapent ses remparts sacrés.
Le lion veut sa proie, et le serpent dans l'ombre
    A préparé ses noirs poisons ;
Ils nous comptent, Seigneur, et notre petit nombre
    Excite leurs dérisions.
Nous le savons, leurs dents se briseront sur elle,
    L'Eglise est forte comme vous,
De vos éclairs divins une seule étincelle
    Ecrasera ces nains jaloux.
Mais avant ce grand jour, que d'affreuses alarmes
    L'Eglise devra traverser ;
Mais avant ce grand jour, que de brûlantes larmes
    Cette mère devra verser !

Si tu dois prolonger une épreuve cruelle,
    Laisse à l'Eglise en ses douleurs
Les enfants, dont l'amour a combattu pour elle
    Et dignes d'essuyer ses pleurs !!
Tes fidèles, Seigneur, eux-mêmes sont timides ;
    Le moindre revers les abat :
Ne leur enlève pas les pasteurs intrépides
    Avant la fin du grand combat.
Les premiers à la peine, ils seront à la gloire !
    Ils verront la lutte finir ;
Leurs fronts vaillants pourront saluer ta victoire
    Et leurs grandes voix la bénir !!

    Mon Dieu, recevez les prières
Qui de nos cœurs émus montent en ce beau jour,
Bénissez les vieillards, nos pasteurs et nos pères,
Et gardez-les longtemps encore à notre amour !

SONNET

SUR LE GÉNÉRAL DE LA MORICIÈRE.

Parmi d'humbles tombeaux sur le marbre tracé
Son grand nom à jamais est gardé par la Gloire !
En bouillante valeur nul ne l'a surpassé :
Le Kabyle indompté frémit à sa mémoire ;
Par l'émeute sanglante à demi-terrassé
Paris se releva sauvé par sa victoire ;
Son éloquence, éclair que le glaive a lancé,
Jette un éclat de plus sur sa brillante histoire !

Le creuset du malheur fit un saint du héros.
Dieu le veut, il s'élance à des combats nouveaux,
Et vaincu pour l'Eglise il paraît plus sublime !
Soldat, il eut toujours l'honneur pour bouclier ;
Chrétien, lorsque la mort vint frapper sa victime,
Elle trouva la Croix sur le cœur du guerrier !

Angers. — Imp. E. Barassé.

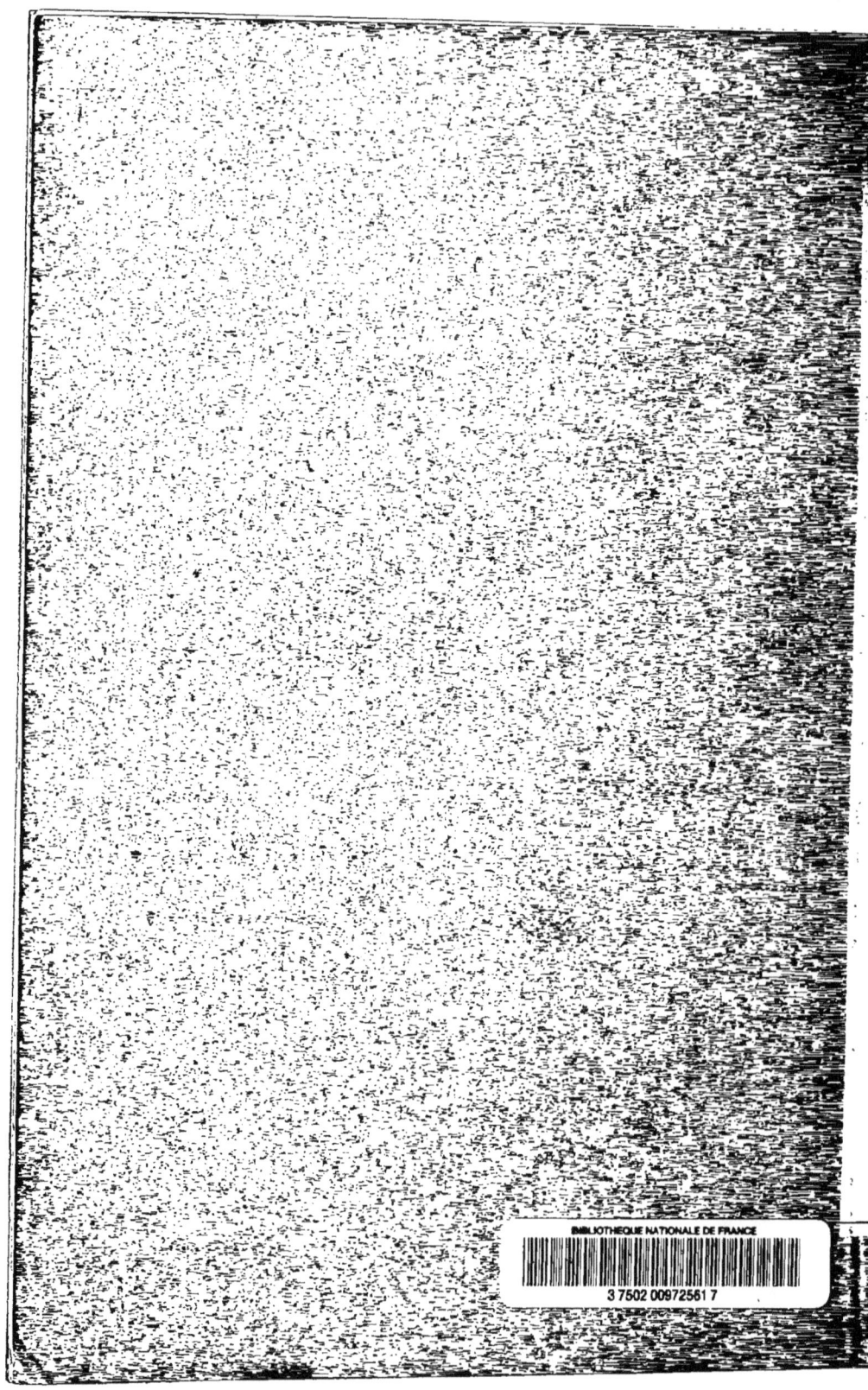

www.ingramcontent.com/pod-product-compliance
Lightning Source LLC
Chambersburg PA
CBHW060612050426
42451CB00012B/2216